LA RAÍZ DEL AIRE

LA RAÍZ DEL AIRE
Poesía 1990-2023

ALFREDO SALDAÑA

1/10

LA RAÍZ DEL AIRE
Primera edición: abril 2024

© De los poemas: Alfredo Saldaña Sagredo
© De la fotografía del autor: Fernando Saldaña Sagredo
© Del diseño de cubierta y maquetación: Nautilus Ediciones
© De la selección de poetas y coordinación editorial: Samuel Trigueros
   Nautilus Ediciones
   nautilusedicioneshn@gmail.com

ISBN: 978-84-10241-11-4
Depósito Legal: Z 713-2024

Impreso en España, Unión Europea

ALFREDO SALDAÑA SAGREDO
(Toledo, España, 1962)

Ha publicado los libros de poesía *Fragmentos para una arquitectura de las ruinas* (PUZ, 1989), *Pasar de largo* (PUZ, 2003), *Palabras que hablan de la muerte del pensamiento* (Olifante, 2003), *Humus* (Eclipsados, 2008), *Malpaís* (La Isla de Siltolá, 2015) y *La acción es el frío* (Olifante, 2023) y la poética *Hay alguien ahí* (Olifante, 2008). Parte de su obra ha sido recogida en *El que mira las palabras* (La Torre degli Arabeschi, 2004) y *Sin contar. Poesía 1983-2010* (Ediciones del 4 de agosto, 2010), y traducida al búlgaro, checo, esloveno, estonio y rumano. Es catedrático de Teoría de la Literatura y Literatura Comparada en la Universidad de Zaragoza y autor, entre otros, de los ensayos *La huella en el margen. Literatura y pensamiento crítico* (Mira Editores, 2013), *La práctica de la teoría. Elementos para una crítica de la cultura contemporánea* (Ril Editores, 2018) y *Romper el límite. La poesía de Roberto Juarroz* (Prensas de la Universidad de Zaragoza, 2022).

NOTA A LA EDICIÓN

Los poemas que aquí pueden leerse pertenecen a los siguientes libros: *Pasar de largo* (PUZ, 2003), *Palabras que hablan de la muerte del pensamiento* (Olifante, 2003), *Humus* (Eclipsados, 2008), *Malpaís* (La Isla de Siltolá, 2015) y *La acción es el frío* (Olifante, 2023). En su conjunto, esta muestra abarca un período de escritura que se inicia en 1990 y abarca hasta 2023. Los textos —algunos modificados, a mi parecer, sin alterar lo esencial de los mismos— pretenden dar cuenta de una relación con el lenguaje —esto es, con la vida— marcada por la incertidumbre y han sido reagrupados con la intención de ofrecer al lector una mirada sostenida por la soledad, el silencio y el frío, motivos en los que se funda esta trayectoria poética.

A. S.

Para Araceli, mi madre,
que me sostiene con el corazón en la tierra
y la mirada clavada en el horizonte.

El corazón de la eternidad habita en el relámpago.

René Char

El camino no es indulgente para quien se desvía.

Edmond Jabès

Estábamos muertos y podíamos respirar.

Paul Celan

UN MAL PASO

Es tiempo de caminar
sobre esos campos de cenizas,

es hora de atravesar
el malpaís.

ARGUMENTO

Pasar, delimitar la vida con la voz,
disolver la existencia
en un acontecimiento escrito,
ir hacia el silencio
y desaparecer después
tocado por un rayo de sol
en una fría
   e intempestiva
      mañana de invierno.

LA HORA DEL FRÍO

Una gota de luz ahoga la bóveda celeste:
es la hora del frío, el tiempo inaplazable del testigo.

VELAR POR LA PALABRA

Morir sin renunciar al derecho a decir *no*,
con el temor de que esa pueda ser la palabra definitiva
y de que con ella, arrastrados todavía por el deseo,
vayamos a entregar el último soplo de la vida.

Morir como un náufrago, trepando hacia lo más alto
del mástil de un barco que va y viene a la deriva,
contra toda esperanza, como un testigo que en la medianoche
de la historia intenta descifrar el secreto del mal.

Morir después de todo sin saber si cada biografía
es una carta marcada o un papel en blanco
que está por escribir, si al final la callada dirá
con su ausencia la postrera palabra al borrarlo todo, sin saber.

EL ROSTRO DEL VACÍO

¿Cómo delinear en el aire
el trazado de una mirada?

¿Cómo incrustar en el hielo
el pecio del dolor?

¿Cómo grabar en el disco duro de la memoria
el tiempo níveo e inédito de la muerte?

CUESTIÓN

¿Dónde, en qué hueco
se congela el tiempo
cuando pasa?

Solo con el vacío
se puede salvar esa distancia.

LA PARTIDA

Caminar,
hender mares y taigas de emociones
con la mirada ciega y afilada del pensar.

Caminar,
ser paso y no huella,
horizonte de luz y no destino marcado.

Caminar,
avanzar en la noche por desiertos y fronteras,
de la mano de la soledad y el frío.

Caminar, caminar, caminar.

EL VIAJE

Hay un tránsito que puedes realizar sin moverte,
como si para llegar al destino
no fuera necesario desplazarse.
Ahí eres la migración y no el nómada.

Es cuestión de detenerse y voltear como un giróvago
alrededor de un centro móvil e inestable,
en torno a un punto ciego en donde
el tiempo y el espacio se entrecruzan y confunden
a la sombra desolada de una luz,
sobre la ceniza tibia y cristalina del agua.

Solo se trata de eso, rozar la realidad
con el extremo afilado de una idea desprendiéndola
de los nombres que la ahogan, romper las cubiertas
que la encapsulan para que aparezca desnuda y vacía,
amparar la ausencia y sostenerla después
con el fogonazo asombrado del pensar.

Pensar, por ejemplo, en un patio claro y vacío
donde de nuevo sea posible hablar sin alzar la voz,
detenerse en la superficie abierta de una hoja en blanco
y retirarse sin cerrarla con ninguna palabra,
ni siquiera con el lacre del sigilo
que ha dado paso al vendaval del pensar.

Y esperar más tarde, como un pordiosero
de cualquier esperanza, que un céfiro apacible
temple tu rostro en una fría mañana de invierno
como la expresión más tierna y apacible de la bondad.

PERÍPATOS

Lenguaje, travesía entre la niebla,
desierto de sílice y de palabras en cuyo centro
se oye el rumor de un decir indecible
y se lee la huella de una vida golpeada por la errancia.

Lenguaje, sendero de anfractuosidades,
país de tinta y sangre cuya frontera
se ve atravesada por la blanca afonía,
la piel del extranjero y el murmullo del agua.

Lenguaje, laberinto en donde se pierde
el sentido y los sentidos confluyen,
explosión de aire, perípatos siempre atravesado
y sin embargo nunca del todo recorrido.

En tu cielo, lenguaje, encuentra él su infierno.

PENSAR EN UN HOMBRE

Al extremo de la quebrada
ha llegado un hombre
y se ha quedado sin lugar,
como si le faltara el aire
o un remanso ante el que detenerse
y cerrar sus ojos,
como si intuyera que el trayecto
ha llegado a su fin
o imaginara que ese inmenso pedacito
de tierra está ahí para abrazarlo,
como si encontrara
el sentido de la migración
en el fondo de un cajón olvidado y vacío.
Es un hombre que intuye
que algo ha terminado
para dar paso a otro aliento
que comienza en ese instante.

Pero hay otro hombre
que cae y, de alguna manera,
la temperatura y el calostro del abismo
lo cuidan, lo amamantan y lo salvan,
otro hombre que con sus manos
despedaza las palabras y se consuela
con los fragmentos pisoteados
que encuentra bajo la hierba.

Pensar en un hombre
que se hunde con los ojos quemados
es velar su naufragio
en el exterior del perípatos,
detener el vendaval que estalla
entre sus brazos abiertos.
Pensar en ese o en otro hombre
al desplomarse es acompañar su alud,
reunir algunas palabras
para colocarlas sobre las pérdidas
que sin quererlo caen al suelo,
se pisan, se rompen, se olvidan
y de repente, sin lastimarnos, nos abandonan.

EL CORAZÓN DE LA NOCHE

I

Partir hacia el fin de tus días a través de la oscuridad,
tentar cómo en el viaje tu ánimo se resquebraja
al encontrar en un puño la raíz de la noche.

II

Ve, corazón, y que la claridad del alba
sea tu guía y consejera.
Ve y dime cómo huele el frío en las mañanas de invierno.

UN GESTO

Corazón, permite que la voz siga su curso
hasta caer rendida en la senda de agua
y respire el aroma del ailanto al despeñarse.

Corazón, consiente que la palabra selle
sus heridas lacradas por la tinta
con el blanco apagado del silencio.

Corazón, deja que el tiempo haga de las suyas
y que la muerte acalle con su tenue presencia
la verdad de este relato sepultada por la nieve.

No hables, corazón: un gesto solo.

EL ARTE DE LA FUGA I

La llegada del invierno permitió leer lo que ya había sido escrito: sobre la superficie caucásica de la nieve, un corazón sajado por la luz deja entrever un hilo de sangre. El rojo sobre el blanco muestra los restos aún calientes de un mundo en ruinas. Es mediodía y el sol en lo alto acaricia algunos rostros mientras amenaza con otras noches de hielo.

EL ARTE DE LA FUGA II

Ahora sé que el dolor es solo la idea del dolor, un lugar irreductible al lenguaje, no es más que percibir —como escribiera Artaud— cómo se desplaza el pensamiento en uno mismo. Ahora sé que la herida ocasionada por la ausencia se cierra en el encuentro con el silencio, más allá de las palabras con las que nos presentamos y en las que creemos reconocernos ante los demás. Ahora sé —lo he leído— que el dolor carece de nombre, de imagen y de identidad, no es de nadie, ni tuyo ni mío, es de todos y sé también que cuando alguien cae en la batalla todos, de un modo u otro, caemos con él. Ahora sé que hay un mundo más allá de este mundo, una casa dentro de esta casa, unas líneas ocultas entre las líneas escritas de este texto, un atardecer perdido entre el día y la noche. Ahora sé que todo fue un sueño, que mi corazón fue una construcción de tu conciencia y que hoy descansa entre libros, sobre las estanterías de escayola de este cuarto abuhardillado, entre la tierra y el cielo, entre la memoria y el deseo, entre la sangre y el aire, sobre el recuerdo histórico de todos nuestros muertos. Ahora sé que solo soy un personaje de ficción cuya sangre alguien está transformando en la tinta impresa de este texto: soy ya un texto, tejido textual, cuerpo devenido en discurso que fluye como la corriente rebosada de este río. Alguien me escribe —quiero decir que alguien está reduciéndome a escritura— y sé que jamás leeré lo que los ojos del murciélago trazaron con su mirada sobre la superficie helada de las aguas. Ahora sé su nombre y dos o tres cosas más.

EL ARTE DE LA FUGA III

Los días van alargando sus horas de luz y de calor conforme envejece el invierno. A media tarde, una flor amarilla que tiene forma de palabra envenenada recuerda con su presencia a los que quieren ver y escuchar el índice de una ausencia desbocada, la señal inequívoca de la desaparición. Se lanzarán cenizas al viento y tu nombre —como en aquel viejo poema— ya para siempre quedará inscrito en el agua: «el futuro manará de canales mestizos, / surgirá de la diferencia o no será». De la tierra al aire, texto encendido, escritura de agua, tu nombre en tinta insoluble encontrará consuelo y podrá leerse bajo la superficie helada del río, entre los márgenes del verso, ahogado junto a los otros nombres.

EL ARTE DE LA FUGA IV

Ahora sé que hay algo esencial, una pizca de luz, en el fondo del río, debajo de las piedras, más allá de las palabras que languidecen en las heridas abiertas de los textos, sobre los arrabales en los que cada atardecer una niña contempla cómo su amor incandescente se aleja hacia la línea crepuscular del horizonte, camino de la muerte o de la nada. Ahora sé que hay un libro que dice en sus páginas lo que entre sus blancos márgenes oculta: el silencio y la soledad del río desbordan sus orillas.

FLORES EN EL RÍO

Protegidas por una memoria indestructible, bamboleadas hacia el estuario por un caudal de escorrentía, descansan al abrigo de las olas dejándose acariciar por las sacudidas del río.

Testigos de un tiempo de terror, son señales de un mundo desaparecido bajo la superficie de las aguas. Están ahí, flotan y no se hunden. Resisten. Nos interpelan como devastadores signos de interrogación.

Sin desplazarse un punto hacia ningún costado, van hacia todas las orillas, orgullosas y humildes. No lo saben, aunque lo intuyan. Las muertes que las abonan fortalecen la verdad de nuestras vidas.

RESPIRAR

El que camina bajo el agua se confunde
entre las piedras que arrastra la corriente
y es una línea de luz en el fondo del cauce,
restos de una conciencia aletargada por el frío.

¿Qué paisajes enterrados se ocultan
en las cuencas vacías de unos ojos?

¿Qué señal entre las hojas caídas de los árboles
dictará que el tiempo del desastre ha terminado?

El que camina bajo el agua se salva
del alud de unas palabras que el vendaval demolerá.
Creyó ser cantor y, ¡ay!, se perdió en el aire,
fue al fin el canto, su ulular febril, raíz de lo cantado.

ULUCZ-OŚWIĘCIM

La muerte florece en un jardín
a trescientos metros
del sendero.

Conforme nos acercamos al infierno,
el cielo se abre
y una tempestad lo atraviesa.

Lentes, zapatillas y sandalias,
maletas, relojes de bolsillo, cabellos,
piernas ortopédicas y enseres domésticos.

¿Dónde están sus porteadores?
¿Qué musgo abonado por la lluvia
acoge sus sueños y sus corazones?

CONTRAPUNTO

Aire y voz, soplo y verbo.

Puedo escuchar
en esta fría mañana de octubre
el balbuceo del mundo y su despertar sonoro,
contemplar el curso desesperado que trazan
las venas abiertas de la tierra,
intuir el aroma de la caléndula
que surge de un corazón arcilloso
y se eleva, empujado por el viento,
hacia los espacios luminosos,
relatar, palabratraspalabra,
la aventura escrita de mi cuerpo
entre los márgenes del libro,
camino de la muerte y de la nada.
Porque ahí decir *muerte* es decir *nada*.

Y más allá de las grietas y las heridas
que el paso del tiempo se encargará de abrir,
aun antes de que algo suceda,
hoy mismo puedo saborear
la fuerza del aliento,
la intensidad de la derrota
y la sal de los vocablos,
aire en el aire, tierra por tierra, luz contra luz,
la materialidad inane de las palabras

que habrán de dejar sus huellas
en la atmósfera para desaparecer después,
entre la nada, como el polvo,
arrastradas en vano
por la dañosa y aciaga tempestad.

Aire y voz, soplo y verbo. No va más:
el curso del río dictará el sentido del relato.

CAMINAR

Caminar,
penetrar en mala tierra,
avanzar bajo las estrellas
en compañía del salitre
y hacerse fuerte junto a los que no reblan
y conocen el regusto amargo de la derrota
y la resaca áspera de la desesperación.

Caminar,
pasar la noche al raso,
respirar sin miedo, a pleno pulmón,
contemplar la soledad de la luz
en la oquedad de la cárcava
y despertar después, desabrigado,
junto a los neveros
donde anidan los desaparecidos
con la intención de rastrear
en los surcos de hielo
la memoria devastada
y pobre de los pájaros.

Caminar,
desbrozar senderos y palabras,
desvelar el secreto
que la montaña oculta
con la desnudez y la inocencia

de la primera mirada,
citar el mundo hasta desconocerlo
y ser al calor del fuego
uno más junto a los muertos.
Así, como el humo y la ceniza
que acarrean los restos
de lo que fuimos,
como un extranjero
que a solas, de noche y en silencio
se desplaza sin destino,
como el testigo de un tiempo
crecido frente a la adversidad,
avanzar y ser solo un papel en blanco
arrastrado por el cierzo que viene,
llega, cruza y ya se aleja,
una senda por la que un hombre se aproxima
al encuentro de su piedra o su vacío.

Caminar,
adentrarse en mala hierba,
dejar atrás la identidad
que nos citaba y hacía fuertes
frente a los demás
y marchar, persistir, avanzar
con la piel y la palabra
del que viene de lejos,
pasa, avanza, no se detiene
y se traslada más lejos todavía
y, como una voz insalubre
que a nadie y de nada habla,
insistir en la penumbra
y dar en la hora del frío
testimonio de pérdidas,

huecos y desapariciones.
Así, como un semejante
que aún insiste sin ceder
dispuesto a sellar su vida
en un amanecer helado junto al mar,
como alguien que todavía respira
en tiempo de barbarie y de penuria,
como un resistente
que ha sobrevivido
a los golpes más brutales de la historia,
como un ángel sin aura
abatido por la luz fría y metálica
de la conciencia del mal,
caminar,
demorar la obra
y ser al fin, después de todo,
un artesano de palabras
sin palabras,
un extraño en la noche,
un hombre sin alma
que avanza contra el viento,
en silencio,
bajo el frío de las estrellas,
el relato de nadie,
solo uno más, solo,
entre todos los muertos de la tierra.

HUMAHUACA

Pensar es habitar el desierto.

Pensar y caminar comparten un aliento frío e insobornable sostenido sobre la transformación de la escritura, el sentido, la vida; surgen de un temblor desolado y letal, de la incertidumbre y la extraña serenidad que calman las noches de las quebradas; trabajan a la intemperie por la demolición de aquellos símbolos que se han encastrado en lo más profundo de nuestras conciencias y no cesan de generar oportunidades inéditas de realidad que solo el viento y la quena pueden destapar.

Pensar en una búsqueda impostergable y encontrar a quienes se adentran por esos valles tratando de localizar en el pucará unos ojos que lloran, una palabra en el cielo o un corazón anómalo que dé nombre al pálpito que precede a cualquier aparición.

Pensar en un hombre que cae al caminar es mitigar su caída.

PASAR DE LARGO

Sin dejar huella,
sobre la tierra calcinada

pasa

quien es solo una parte
con todas las demás.

Como el agua que se pierde
entre las manos, como el aire que se escapa,

pasa de largo

el que avanza sin dejar huella,
el que camina sin contar.

HUMEDAD TRAS LA LLUVIA

No te intrigue lo que encuentres
sino lo que desaparezca cuando mires.

Que la palabra que te arrastre
al hueco en que aún respires
no sea el lugar seguro que habías imaginado.

Que el tiempo que pase
y el espacio recorrido
no dicten lo que te nombre.

Que lo que te nombre
sea la lágrima que caiga,
la humedad tras la lluvia.

No seas tú quien camine. Bajo las piedras,
seas tú el sendero que unos pasos tracen al avanzar.

LA TIERRA QUEMADA

Cuando la devastación haya concluido su trabajo,
¿quién avivará el fuego en las mañanas de invierno?,
¿quién dará testimonio con su palabra?,
¿quién conservará en sus pupilas los paisajes de la memoria?,
¿quién calmará la sed de todos los vencidos?,
¿quién abonará de nuevo el labrantío de la tierra quemada?,
¿quién rasgará con su faca la línea quebrada del horizonte?,
¿quién dirá sin temblar «esta boca es mía» en contra del tirano?

Entre los pliegues de su corazón el bosque aún protege su secreto.

SOLTAR LASTRE

Y reconocer después,
a punto ya de atravesar el umbral
que da paso a la estación
de las pérdidas y las reconciliaciones,
que a todo límite corresponde
un punto de luz,
el inicio de un nuevo camino,
una estrella que guíe
por los desiertos del frío
los pasos sin destino
de todos nuestros muertos,

y ello para aceptar
que el saber consiste antes que nada
en soltar lastre,
para aprender por fin
que el infinito es blanco y mudo como el vacío
y que la sombra y el desconcierto
traspasan con sus nombres
las márgenes del camino,
la extensión de este desierto
y la mirada que lo atraviesa,
la memoria irredimible de todos los vencidos.

LA HERIDA DEL MUNDO

Que el pensar no deje de consolarte,
que no te obnubile el fervor
cuando la pasión te ciegue.

Ve, acércate y hurga con tus dedos
hasta mancharte en la herida del mundo
o en la espalda mojada de la vida,
allí donde la sangre se confunde con el barro.
Así, más adentro, más adentro.

Ve luego y escarba con tus propias manos
en los estercoleros de la infamia, en la trastienda
de la miseria y en la sala de máquinas de la explotación,
en la factoría de todas las conspiraciones
y en la despensa abarrotada del hambre.

Ve después y observa hasta no poder más,
hasta perforar si es preciso la catarata
que te ciega y te impide apreciar la raíz del aire,
el corazón de la barbarie, la idea de la luz
y el secreto que guardan todos los caminos.

Sabrás entonces que en ocasiones el frío sucede al frío,
la palabra sola no basta y a veces está de más.
Intuirás de ese modo que callar es un crimen
y que el silencio tiene un precio que más pronto
o más tarde tendrás que estar dispuesto a pagar.

Que la fragilidad sea tu fortaleza,
que no te pierda la seguridad
cuando la incertidumbre te ponga en camino.

EN LA ESPESURA DEL BOSQUE

En la hondonada del bosque,
al pie del árbol más alto,
yace un libro enterrado.

Ocultas en sus páginas,
entre sus líneas pueden leerse
la memoria y el deseo,
las palabras que fueron borradas
y las que aún no han sido escritas,
el testimonio de lo que acaba de irse
y la promesa que no termina de llegar.

Tierra y palabra: el corazón del vencido
protege el secreto de ese libro,
custodia la verdad de su misterio.

En la espesura del bosque,
bajo el tronco que la oculta y protege,
la flor del muérdago germina en silencio.

LA MIRADA HELADA

Allí hiberna la belleza.

Alguien mira
y solo cuando por fin logra ver
comprende lo que pasa:

la idea en ese instante
lo sitúa en otro escenario,
el latigazo de la devastación
golpea con violencia
las pupilas de sus ojos extrañados,
intuye que el mundo está ahí
para ser asombrado por la luz
y la sequedad de una mirada vacía.

Alguien mira
y en su iris, flor de un día,
aún tirita de frío la ternura.

Allí hay una convulsión que insiste.

DESIERTO

La muerte,
¿qué clase de verdad esconde
enterrada bajo la arena
de este desierto calcinado?

Habitar en el aire, construir sobre el agua.

SOMBRA

Calla, palabra, permite que el silencio
proteja con su aliento lo que tú te empeñas en decir.

Que una tierra sin adjetivos sea la morada
que acoja tu final, la heredad en donde estalle el viento
que silba entre tus letras de fuego.

Que un formidable resplandor disuelva los nombres impropios,
altere la indeterminación de los artículos
y trasponga los adverbios de lugar.

Calla, palabra, deja que el agua blanca, quieta y muda
testifique con su frío la irrealidad de este momento.

LA RAÍZ DEL DESASTRE

Los muertos se apartan
al margen del camino
y en silencio nos observan
cuando los nombramos.

No lo saben pero intuyen
que no hallarán consuelo al cruzar la frontera,
que al otro lado aguarda solo
un bálsamo con el aroma de la desolación.

LA SENDA DEL VIENTO

El mundo se esconde detrás de la palabra.
Aparece la palabra
para que desaparezca el mundo.

Polvo en el viento, relato de nadie.
Y, mientras tanto —ya lo ves, ya lo sabes—
todo eso sigue su curso sin porqué.

El sendero se abre al caer la noche.
Cuando se desangra la lluvia
aún palpita un corazón atenazado por el frío.

ESTRÍAS

Rama del aire, vuelo del ala.

Al atardecer,
en la umbría del bosque,
el viento arrastra
entre las hojas caídas de los árboles
la lengua callada del testigo.

ARMENIA

No importa
si en algún momento
has echado raíces
en algún lugar de este mundo,
si la lluvia a veces
ha bañado tus ojos
con el huracán de la ansiedad
o tus brazos se han quebrado
al sostenerte en el aire,
si has visto crecer la flor
que brota del pedernal
en el corazón del desierto
o has probado el fruto
de una almendra amarga
al pie de la montaña.

No importa
si has tardado en comprender
la insignificancia y la vacuidad
de casi todos los empeños
o de repente adviertes que
nada es más real que la nada
y que toda la luz del mundo
cabe en la noche sin luna
de un cuenco vacío,
si eres de aquí o de allá,

el sexo que practicas
o la religión que profesas,
los alimentos que cocinas,
la lengua en la que te expresas
o el color de tu piel,
si has plantado un libro
en una tierra estéril
o has escrito un árbol
en la médula del bosque.

Nada de todo eso importa.

Importa, eso sí,
cuidar la soledad que acoge
la profundidad del abismo
y vaciarla para que solo
esté llena de sí misma,
presentir que en la ciénaga
la luz respira bajo el lodo
y que el silencio
no es la abolición de la palabra
sino el umbral de su inminencia,
deshuesar la nada,
suprimir del frío una letra
para atemperar la gélida y metálica
oscuridad de la pobreza,
otear desde la bocana del exilio
como quien intuye
que algo se está debilitando
y que ya no le pertenece
lo que su mirada trata de sostener.

Importa ahuecar
y reconocerse en un nombre distinto,
intuir que la extrañeza
hace parte del curso de la vida,
ese turbador accidente
en el que confluyen el azar y el destino,
la bonanza y la devastación,
pensar como quien deshincha el espacio
al inflar el hueco del vacío
y lo desagua de todas sus impurezas,
aprender a ganar una pérdida
descifrando de nuevo las palabras
desde el revés de las letras
y en un orden distinto,
hacerse fuerte en la convicción
de que bajo el cielo estrellado
la casa está en el camino
y toda la superficie
es una tierra extranjera.

POZO

Excavo un pozo
con las manos vacías,
a tientas, y hallo en él un hueco
en el que carnear la nada,
la pura nada que,
como en aquel poema,
se entrega como una clave
para recibir a cambio una contraparte,
un nuevo enigma
o una cifra diferentes.

Excavo un pozo
como quien planta ababoles
en las estepas del aire,
con la intención de curar las heridas
de aquello que resiste amenazado
por la blanca severidad de la desaparición,
como quien traza surcos con las manos
para enterrar una semilla que germine
en un horizonte oblicuo y asimétrico,
una simiente que sea la raíz de un avanzar
a tientas por la senda del viento
y no la promesa de una tierra de agua,
una actitud necesaria
y no un cronotopo inalcanzable.

Excavo un pozo
como quien enfrenta al vano de la edad
la turgencia alegre del vacío,
como quien entre
los pedazos desordenados de sus palabras
encuentra la verdad amable
de un rostro que llueve
o la memoria exhumada
de un lenguaje del alba,
como quien trepa a lo más hondo
de una montaña para contemplar
el origen remoto y transparente de las lágrimas,
con el propósito de dar con la campana
que encuerde los sueños de los muertos.

Excavo un pozo
con el deseo de probar
la carencia que arrastran las palabras
y encontrar el indicio de una escritura ilegible,
el alfabeto, el jeroglifo o el ideograma
que logren descifrar la insoportable vastedad
del desaliento sin alterarla,
como quien sin reblar anda por las nubes
y en el fondo lo esperan el frío y el blanco
de su propio vacío y ya no sabe.

APÁTRIDA

No viene de ninguna casa
ni se desplaza hacia ningún hogar.

Camina y, a cielo abierto,
a la intemperie, sin buscarlo,
encuentra su lar en el sendero
que atraviesa sin dejar huella
cuando va ganando silencio
mientras el frío avanza
y la tarde a solas se recoge.

Cae la noche. Respira y ya
no está. Es la palabra de nadie,
un relato sin nombre,
el blanco en el centro
desplazado de lo blanco,
la sombra que se achica cuando
la vida calla más que la muerte.

¿Cómo es posible
que sea tan pleno el vacío?

Índice

LA RAÍZ DEL AIRE
de Alfredo Saldaña
-1/10 de la Colección Capitanes 1-
se terminó de editar y maquetar
por Nautilus Ediciones
en Zaragoza, España,
en abril de 2024.